BEI GRIN MACHT SICH IHR WISSEN BEZAHLT

- Wir veröffentlichen Ihre Hausarbeit,
  Bachelor- und Masterarbeit

- Ihr eigenes eBook und Buch -
  weltweit in allen wichtigen Shops

- Verdienen Sie an jedem Verkauf

Jetzt bei www.GRIN.com hochladen und kostenlos publizieren

Grundlagen des Selbstmanagements. Alpen-Methode, Pareto-Prinzip und Eisenhower-Prinzip

Louisa Papke

Bibliografische Information der Deutschen Nationalbibliothek:

Die Deutsche Nationalbibliothek verzeichnet diese Publikation in der
Deutschen Nationalbibliografie; detaillierte bibliografische Daten sind
im Internet über http://dnb.d-nb.de abrufbar.

ISBN: 9783346401342
Dieses Buch ist auch als E-Book erhältlich.

© GRIN Publishing GmbH
Nymphenburger Straße 86
80636 München

Druck und Bindung: Books on Demand GmbH, Norderstedt Germany
Gedruckt auf säurefreiem Papier aus verantwortungsvollen Quellen

Das vorliegende Werk wurde sorgfältig erarbeitet. Dennoch
übernehmen Autoren und Verlag für die Richtigkeit von Angaben,
Hinweisen, Links und Ratschlägen sowie eventuelle Druckfehler keine
Haftung.

Das Buch bei GRIN: https://www.grin.com/document/1010539

Einsendeaufgabe von Louisa Papke

Alternative C

Eingesandt: 28.02.2021

SRH Fernhochschule Riedlingen

Modul: Selbstmanagement

Studiengang: Gesundheitspsychologie und Prävention

Inhaltsverzeichnis

Abkürzungsverzeichnis

w.z.B.   wie zum Beispiel

bzw.   beziehungsweise

Vgl.   Vergleich

Die ALPEN - Methode

Die Alpen Methode ist eine gut unterstützende Methode, die hilfreich ist, den Alltag sowie die Tagesplanung von Studierenden zu strukturieren. Eine besonders positive Auswirkung hat die Methode für einen großen Anteil an Studierenden, die unter Mehrfachbelastung w.z.B. Job, Kinder, Familie, oder Haushalt stehen. Durch diese Methode wird den Studierenden in einzelnen Schritten visualisiert, welche Aufgaben sie noch zu erledigen haben und wieviel Zeit für die jeweiligen Aufgaben ihnen noch zur Verfügung steht. Diese Methode anzuwenden, kann unter einem Zeitaufwand von ca 10 Minuten erfolgen und steigert effektiv das Zeitmanagement.

Das Wort Alpen ist ein Akronym und steht für:

A= seine Aufgaben, Aktivitäten, Termine notieren

L= Länge, bzw. Dauer der Aufgaben abschätzen

P= Pufferzeiten (circa 50/60%) einplanen

E= Entscheidungen und Prioritäten treffen

N= Nachkontrolle am Ende des Tages

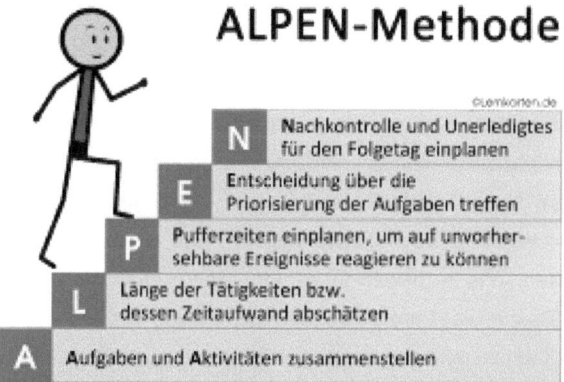

Abbildung: ALPEN-METHODE [1]

Diese Unterteilung der einzelnen Buchstaben dient vor allem dazu, eine Struktur in die einzelnen Arbeitsschritte zu bringen bzw. den Studierenden zu vermitteln, was genau in den jeweiligen Schritten zu erarbeiten ist und wie diese Methode ihre Anwendung findet.

Definition der Buchstaben bzw. Schritt:

Aufgaben, Aktivitäten und Termine notieren:

---

[1] Vgl. Zeitmanagement: Methoden kennen und richtig einsetzen, Lernkarten
[2] Vgl. Studienbrief S.96-97, Selbst-und Zeitmanagement, SRH

Im ersten Schritt heißt es, seine Aufgaben, Termine und Aktivitäten schriftlich zu visualisieren, z.B. in Form einer To-do Liste.

Länge bzw. Dauer der Aufgaben abschätzen:

Hier wird die voraussichtliche Zeitspanne für jede Aufgabe abgeschätzt und eingeteilt. Das sollte realistisch erfolgen, damit für jede Aufgabe ein konkretes Zeitlimit gesetzt wird (feste Ziele). Eine Visualisierung von Zielen kann zu einer persönlichen Unterstützung beitragen, um motiviert die Ziele zu erreichen.

Pufferzeiten einplanen: [2]

Im dritten Schritt wird zusätzlich eine Pufferzeit eingeplant. Verhindert wird hiermit, nicht in Panik zu geraten, die Aufgaben vielleicht nicht zu schaffen oder auf den letzten Drücker zu erarbeiten. Ein Einflussfaktor kann z.B. die Leistungskurve eines Studierenden sein, die dafür sorgt, dass der Student zum Ende in Panik gerät. Besonders für Studierende mit Mehrfachbelastung ist es von großer Bedeutung, eine Pufferzeit stets einzuplanen. Denn hier ist nie ganz auszuschließen, dass eine Störung den Arbeitsprozess aufhalten kann. Die meisten empfehlen eine Pufferzeit zwischen 50 bis 60 %.

Die übrig gebliebene Pufferzeit kann demnach für unvorhersehbare Tätigkeiten verwendet werden oder dafür, Aufgaben schon vorzuziehen.

Entscheidungen und Prioritäten treffen:

Zitat: „Wir neigen dazu, uns zu viele Aufgaben in einen Tag zu packen", sagt der Zeitmanagementexperte Lothar Seiwert. Aus dem Grund ist es wichtig, Prioritäten zu setzen und Entscheidungen zu treffen, welche Aufgaben besonders wichtig sind oder welche vielleicht erst in einer Woche erarbeitet werden müssen. Das zu bewältigende Arbeitspensum ist dadurch strukturiert verteilt. Das Eisenhower-Prinzip oder die Abc-Analyse sind unter anderem auch Methoden, mit denen man Aufgaben nach Wichtigkeit und Dringlichkeit sortieren kann.

Nachkontrolle am Ende des Tages:

Am Ende des Tages wird kontrolliert, ob alle Aufgaben geschafft wurden oder ob es noch Aufgaben gibt, die auf die To-do Liste des nächsten Tages gehören. Zitat: „Wenn ich etwas immer weitergeschoben habe, stimmt etwas mit den Prioritäten nicht." Seiwert[1]

---

[1] Vgl. 1x1 des Zeitmanagements, 2019 S.35, Lothar Seiwert
[2] Vgl. Studienbrief S. 96-97, Studienbrief Selbst-und Zeitmanagement

Datum _____

Aufgabe	ge-schätzte Dauer	Wichtig-keit	erledigt	tatsäch-liche Dauer
GESAMT	5:15			8:00
Telefonat Schmidt	0:15	A	ja	0:35
Mail Versicherung	0:30	B	nein	
Präsentation Vertrieb	1:00	A	ja	1:25
Präsentation Meeting Marketing	1:30	A	ja	1:45
Meeting Marketing	1:00	A	ja	1:00
Protokoll Meeting Marketing	0:15	A	ja	0:45
Anschreiben & Versand Protokoll	0:15	A	ja	0:30
Telefonat Müller	0:30	C	ja	0:05
Gespräch Meyer	n.v.		ja	0:35
Mail-Anfrage Schweden	n.v.		ja	0:45
Problem Mail-Server	n.v.		ja	0:45

[1] Die Abbildung weist ein Beispiel einer Tagesplanung unter dem Aspekt der Alpen Methode auf.

DAS EISENHOWER-PRINZIP

Um herauszufinden, welche Aufgabe für das anstehende Ziel am Wichtigsten und Effektivsten ist, eignet sich das Eisenhower-Prinzip, da das Prinzip Aufgaben nach seiner Dringlichkeit und Wichtigkeit sortiert. Das Verfahren hilft Studenten, insbesondere mit Mehrfachbelastung zu erkennen, welche Aufgaben sehr wichtig und dringend sind und welche Aufgaben eine geringere Priorität haben.

Benannt wurde diese Methode nach dem amerikanischen US-Präsidenten Dwight D.Eisenhower[2]. Es wird vermutet, dass er diese Methode selbst angewandt hat und seinen Mitarbeitern weitergab. Es gibt jedoch keine genauen Hinweise, die das belegen. Ein früherer Hochschulpräsident dessen Name ungenannt ist, zitierte 1954:,,I have two kinds of problems, the urgent and the important. The urgent is not important, and the important is never urgent." Mit diesem Zitat entstand der Bezug zu Eisenhower.

Angewandt wird die Methode unter Beachtung des Schaubildes: [3]

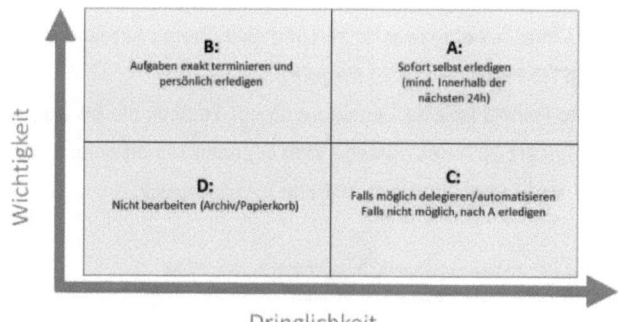

[1] Vgl. Tagesplantabelle für Alpenmethode, Zeitmanagement-die Alpen-Methode
[2] Vgl. Studienbrief S 95, Selbst-und Zeitmanagement SRH
[3] Vgl. Schaubild Eisenhower Matrix, Frank Albers, einfach-effektiv

Dieses Schaublid dient zur Veranschaulichung des Prinzips um die einzelnen Aufgaben in einem der aufgezeigten Kisten zu sortieren.

Bedeutung der einzelnen Aufgaben: [1]

A-Aufgaben = sind am Wichtigsten, da sie am effektivsten zur Zielerreichung beitragen. Aus diesem Grund sollte die Aufgabe A die höchste Priorität haben.

B-Aufgaben = sind wichtig, aber nicht dringend. Die Möglichkeit, die Aufgabe B auf einen anderen Tag zu terminieren, besteht.

C-Aufgaben = sind weniger wichtig, dennoch sehr dringend. Hier besteht die Möglichkeit, die Aufgabe an eine andere Person weiter zu delegieren oder abzugeben.

D-Aufgaben = sind weder wichtig noch dringend, daraus folgt, dass diese Aufgaben eliminiert bzw. nicht bearbeitet werden.

Ein Beispiel einer Studentin, die mit dem Eisenhower Prinzips arbeitet, wäre zum Beispiel: Eine studierende berufstätige Mutter geht ihrer Arbeit von 8-14 Uhr nach, denn ohne dieses Einkommen könnte sie sich dieses Studium nicht leisten (A-sofort und selbst erledigen). Anschließend setzt sie die Priorität, ihr Kind von 14-17 Uhr von einer Tagesmutter oder in einer Kindereinrichtung betreuen zu lassen (C-delegieren). Diese Zeit nutzt sie intensiv mit Lernen für das Studium (B-einplanen und selbst erledigen). Das eigentlich anstehende Telefonat mit ihrer Freundin lässt sie ausfallen, da es an diesem Tag weder wichtig noch dringend ist. (D-nicht bearbeiten). Das Hauptaugenmerk der Eisenhower Methode besteht beispielsweise darin, Studenten mit Mehrfachbelastung jeden Tag oder jede Woche beim Setzen von Prioritäten zu helfen, um somit zu vermeiden, dass sie ihre Energie in Aufgaben verschwenden, die weniger wichtig sind. Dadurch können sie ihre Zeit effektiver nutzen und ein höheres Arbeitsergebnis erreichen.

Das PARETO-PRINZIP (80/20 Regel)[2]

Das Pareto-Prinzip ist eine Zeitmanagement-Technik die besagt, dass man mit nur 20% Einsatz 80% des anstehenden Ergebnisses erreicht. Der Ursprung des Namens Pareto-Prinzip führt zu Vilfredo Pareto zurück.

---

[1] Vgl Das 1x1 des Zeitmanagements, 2019 Lothar Seiwert S.71
[2] Vgl Studienbrief Selbst-und Zeitmanagement, SRH, S.93

Daher entstand allerdings auch der Gedanke, dass 80% unserer alltäglichen Aufgaben einen negativen Effekt auf unsere Erfolgsbilanz haben. Um das zu vermeiden, bewies sich das Pareto-Prinzip[2]. Für Menschen die das erste Mal mit der Pareto Methode konfrontiert werden, ist es vielleicht unvorstellbar, wie 80% der Arbeit ignoriert werden kann. Es bedeutet allerdings nicht, dass 80% der Aufgaben nie erledigt werden müssen. Bedeutsam beim Prinzip ist, sich auf die wichtigsten Tätigkeiten zu fokussieren, besonders wenn die Zeit knapp ist und ein Ergebnis schnell erreicht werden muss. Bei Mehrfachbelastung entsteht es, dass Menschen viele Aufgaben schnell und auf einmal erledigen wollen. Dabei wird die Energie in Aufgaben investiert, die eine nicht so hohe Wichtigkeit haben. Als Folge kann Frust und uneffektives Arbeiten entstehen. Das Wichtigste beim Pareto Prinzip, um zeiteffizient zu arbeiten, ist herauszufinden, welche Aufgabe am Effektivsten und Produktivsten ist, um sein Ziel zu erreichen. Besonders bei Mehrfachbelastung beweist sich diese Methode, da das Zeitfenster geringer ist, um sich intensiv mit einer Aufgabe zu beschäftigen.

Schaubild

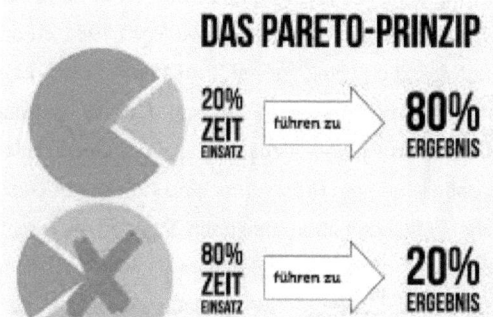

Anwendung des Pareto Prinzips. Beispiel:

Eine berufstätige Mutter entschließt sich nach ihrer Arbeit, sich um 18.00 Uhr an die Erledigung ihrer Einsendeaufgabe für ihr Studium zu setzen. Sie weiß allerdings genau, dass sie für die Bearbeitung mindestens noch 6 Stunden benötigt und sie sich ab 21.00 Uhr nicht mehr gut konzentrieren kann. Nach dem Pareto-Prinzip würde sie nun sagen, dass sie sich das Wichtigste raussucht und dadurch von den 6 Stunden nur 1,5 Stunden intensiv investiert. Durch diese Anwendung spürt sie Erfolg und Motivation und auch eine zeitliche Ersparnis.

---

[1] Vgl.Schaubild, Pareto Prinzip: So einfach funktioniert die 80-20-Regel
[2] Vgl.Studienbrief S. 93, Selbst-und Zeitmanagement, SRH

In der Anwendung des Pareto-Prinzip lernt man kein Perfektionist zu sein, denn man fokussiert sich nur auf das Wichtigste. Es geht darum, sich selbst zu strukturieren und Aufgabenprioritäten zu setzen, indem man z.b. anderen Aufgaben keine Aufmerksamkeit schenkt und sie erst mal liegen lässt. Eine wichtige Komponente beim Pareto Prinzip ist es, nicht falsch zu verstehen, dass die 80 % weniger priorisierten Aufgaben in den restlichen 20 % mit zu erledigen sind. Es gibt immer Aufgaben, die nicht sofort und zeitnah erledigt werden müssen, aber sie müssen auch ein Zeitfenster im Tages-/ Wochenablauf bekommen.

Aufgabe B:

Vorträge zu halten, ohne dabei von der Projektion mit Bild-Text-Folien begleitet zu werden, ist in der heutigen Gesellschaft kaum wegzudenken. Oftmals fließen bei den Übergängen noch bestimme Bewegungen und Effekte mit ein: Blätter schweben herein, zerfallen, drehen sich oder schieben sich über eine andere Folie. Ein häufiger Grund dafür ist, dass seit vielen Jahren weltweit bekannte und am Meisten verbreitete Präsentationsmedium PowerPoint. 1984 wurde es bei der Firma Forethought entwickelt und hieß vorerst „Presenter". Forethought ein noch junges Unternehmen, beschäftigte sich intensiv mit der Entwicklung und Veröffentlichung einer neuen Präsentationssoftware, die Geschichte schreiben sollte. Die Intension dabei war, dem Präsentator eine individuelle Gestaltung und Struktur zu ermöglichen. Microsoft übernahm nach 3 Jahren die Rechte von dem Präsentationsmedium PowerPoint.[1] Die Software PowerPoint findet oftmals einen Platz in Schulen, Universitäten, Firmen, Bildungsstätten, in der Politik, so wie in der Kultur und in vielen anderen Bereichen, in welchen Vorträge gehalten werden.[3] Aber in dieser Einsendeaufgabe geht es darum, PowerPoint in einer kritischen Sichtweise zu betrachten. Christoph Wecker hat weltweit mehr als 40 Studien zu dem Thema PowerPoint ausgewertet. Seine Sichtweise zum Thema PowerPoint ist sehr kritisch. Er meint, wer eine Folie sieht, hört nicht mehr zu. [2]

---

[1] Vgl.Sinn und Unsinn von PowerPoint, 2008, S.1
[2] Vgl.Der PowerPoint Irrsinn, 2014 Bettina Weigung, S.1
[3] Vgl.PowerPoint behindert Lernen, 2014, Ursula Kastler S.1

Nach seinem Gedankengang, sollte man Folien ausblenden, wo immer es auch geht. Denn Studien beweisen, dass Zuhörer mit mehr Folien weniger der Inhalte behalten, als ohne Folien. Der Grund dafür kann wohlmöglich **Sequencing** und **Bulleting** sein. Sequencing und Bulleting sind beides Formen, die eine negative Wirkung auf die Darstellung von Inhalten erzeugen. **Sequencing**[1] entsteht dadurch, dass nur wenig Inhalte pro Folie gezeigt werden können. Das hat zur Folge, dass bei einer PowerPoint Präsentation oftmals viele Folien erstellt werden und es dadurch schwierig ist, Inhalte in den übergeordneten zusammenhängenden Kontext zu stellen. Zuhörern könnte es dadurch schwieriger fallen, Beziehungen zu verstehen und zu beurteilen. Beim Präsentieren kann auf die Bedürfnisse der Zuhörer eher schwierig eingegangen werden, als wenn man ohne Folie präsentieren würde. Das liegt daran, dass die Reihenfolge der Folien festgelegt ist und man diese nur schwer während des Vortragens ändern kann. Dadurch ist die Flexibilität und Kreativität wie auch die Entwicklung neuer Ideen bei einer Präsentation sehr eingeschränkt. **Bulleting**[1]- auf PowerPoint Folien werden Bullet Points verwendet. Jedoch ist nur eine Variante der Points pro Seite für Stichpunktdarstellungen anwendbar. Aber nicht nur Bulleting und Sequencing haben einen negativen Einfluss auf die Inhalte die kommuniziert werden. Das kollektive Wegdämmern, ist ein weiterer häufiger Prozess beim Zuhören von der Präsentationstechnik PowerPoint. Das kollektive Wegdämmern kann schon nach wenigen Minuten auftreten. Spätestens dann, wenn die Einleitung vom Referenten vorgetragen wurde[2]. Ein Grund dafür ist, das oftmals unbeirrte Fortfahren des Referenten, der von seiner Folie Inhalte abliest, welche die Zuhörer eigentlich eigenständig lesen könnten. Dekoration mit bunten Grafiken, Wörter die durch den Raum wirbeln, sich drehen und kreisen mit hinterlegtem Ton, ist dann das Endergebnis einer PowerPoint Präsentation. Müdigkeit bei den Zuschauern sowie das Greifen zum Handy, ist häufig die Folge einer Präsentation im abgedunkelten Seminarraum. Genannt auch als Powerpoint-death. Weiterhin besteht die Gefahr, dass Zuhörer durch die verschiedenen Effekte, sich von den wirklich wichtigen Informationen ablenken lassen. PowerPoint Präsentationen können unter Anderen eine extreme Schwammigkeit ermöglichen und fördern.

[1] Vgl.Studienbrief Kreativitäts-und Präsentationstechniken SRH, S.95
[2] Vgl.Der PowerPoint Irrsinn S.1

Im Gegensatz zu einem Fließtext, würde bei einer PowerPoint Präsentation eventuell weniger auffallen, dass in der Substantiierung die handelnde Person verloren gegangen ist, als auch der Zeitpunkt der Handlung[1]. Es wird also nicht 100% auf den richtig grammatikalischen Ausdruck geachtet. Durch die verwendete Dekoration auf Folien, mit verschiedenen Effekten, lässt sich nur noch schwer erkennen, was wirklich substantiell ist. Unter Anderem kann PowerPoint den Zuhörern oder Lesern das Gefühl vermitteln, dass nach einem kurzen Blick auf ein Chart ein Thema inhaltlich vollständig erfasst und verstanden wurde. Das kann zu einem naiven Gedankenmuster besonders bei Studenten und Schülern führen, wenn sie denken, dass eine weitere Recherche zu bestimmten Themen eher unnötig wäre. Besonders für Menschen, die große Angst davor haben im Mittelpunkt zu stehen und es nicht mögen, wenn alle Augen bei einer öffentlichen Präsentation auf sie gerichtet sind, genannt auch ,,Glossophobie"[2], ist die Präsentationstechnik PowerPoint oft die erste Wahl. Durch die vielen Folien mit unterschiedlichen Effekten und Farben, die im besten Fall auf einer großen Leinwand präsentiert werden, kann dies für viele Menschen die beste Hilfestellung sein, sich nicht in den Vordergrund zu drängen, sondern sich eher hinter den vielen ästhetischen Folien zu verstecken. Die Körpersprache könnte in Vergessenheit geraten, welche aber einen großen Einfluss auf die Wirkung der Zuhörer hat. Denn psychologische Studien haben ergeben, dass ungefähr 55% unserer Wirkung beim Vortrag die Körpersprache ausmacht[3], da die Körpersprache das Wichtigste Ausdrucksmittel für Informationen ist. Power Point könnte also den Referenten dazu verleiten, seine Köpersprache zu vergessen. Des Weiteren kann PowerPoint Menschen die besonders große Angst vor öffentlichen Auftritten haben, ein Gefühl von Sicherheit vermitteln. Sie könnten denken, dass nichts mehr schiefgehen kann, da sie nur noch Ablesen müssen. Doch Studien haben gezeigt, dass Zuhörern Folien nichts bringen, wenn Referenten diese als Spickzettel benutzen. Sie sollen, wenn überhaupt die Rede ergänzen. Der Referent könnte zudem oft in Versuchung geraten, auf die Folie zu schauen, anstatt sein Blick auf das Publikum zu lenken.

[1] Vgl.Kritik an PowerPoint, 2019, Telekom, S.2
[2] Vgl.Der PowerPoint Irrsinn, S.2
[3] Vgl.Die zehn schlimmsten Fehler bei Präsentationen, 2015, S.2

Wenn dies jedoch geschieht, kann es passieren, dass das Publikum abgelenkt und unruhig wird. Außerdem könnte der Präsentator seine eigene Authentizität und die Freiheit beim Sprechen verlieren und auf inhaltliche Fragen vom Publikum, deren Antworten nicht auf der Präsentation stehen, vielleicht nicht mehr eingehen. Apple Gründer Steve Jobs denkt:,,Menschen die wissen, worüber sie reden, brauchen kein Power Point". Jeff Bezos, bekannt als Amazon Chef hat PowerPoint Präsentationen generell in seiner Firma verboten. Stattdessen wurden Fließtexte erwartet. Christof Wecker meint, es gebe keinen nennenswerten Unterschied für den Wissenserwerb, ob PowerPoint Folien gezeigt werden oder nicht. Seine Aussage war nicht unbegründet, denn er hat etwa 40 Studien unterschiedlicher Qualität in einer Metaanalyse zusammengefasst, die den Lernerfolg bei Vorträgen mit und ohne digitale Folien verglichen. **Das Ergebnis**: Der Effekt war klein. Denn durch das Einsetzen von Folien verinnerlichen Zuhörer nur einen kleinen Prozentanteil mehr als ohne Folien. Allerdings gilt das nur, wenn die Folien ausschließlich Text enthalten. Animierte Folienübergänge, Tabellen, Videos und Töne führen zu gar keinem Erfolg beim Zuhörer[1]. Eine weitere Forschung hat einen Versuch zur Wirkung von dynamischen Animationen untersucht, in dem sie 45 Studierende per Zufall in Gruppen aufgeteilt haben. Die Gruppen bestanden aus einem: einfachen Vortrag, einem Vortrag mit schwarzweißen Overheadfolien und einer dynamischen PowerPoint Präsentation mit einem Foliensatz aus dem Repertoire des Vorlagenprogrammes. Das Vorwissen der Studenten wurde vor Beginn getestet. Die Gruppe mit dem einfachen Vortrag erzielte die besten Ergebnisse, die schlechtesten Ergebnisse führten zu der Gruppe dynamischer PowerPoint Präsentation zurück. Aus dieser Untersuchung wird auch hier deutlich, dass das Einsetzen von Folien keinen großen Lernerfolg mit sich bringt. Trotzdem binden viele Referenten oftmals Videos in ihre Präsentation mit ein. Der Gedankengang ist, die PowerPoint so interessant wie möglich zu gestalten und den Zuhörern Abwechslung zu bieten. Befunde zeigen auch hier wieder keinen positiven Effekt, denn Videos sollen den Lernerfolg in Präsentationen wohl eher erschweren statt verbessern. Nach Christof Wecker sollten wirklich nur die Inhalte präsentiert werden, welche visuell besser zu vermitteln sind.

---

[1] Vgl.PowerPoint behindert das Lernen, S.2

Genau das war damals die Idee, PowerPoint als Methode des bildhaft dargestellten Vortragens zu nutzen. Jedoch hat sich dieser Gedanke im Laufe der Zeit geändert und PowerPoint wird nicht mehr nur als visuelle Unterstützung angesehen, sondern auch als eine Art Gedächtnishilfe beim Vortragen. Christof Wecker empfiehlt beim Präsentieren nur wenige Folien einzusetzen und zwischendurch eine schwarze Folie einzuschieben[1]. Der Gedanke dabei war, das Publikum wieder auf den mündlichen Vortrag zu fokussieren, da durch die verschiedenen Effekte das Publikum wie schon erwähnt, oft ins Wegdämmern gerät. So wie es eine negative Wirkung auf die Darstellung der Inhalte gibt, gibt es allerdings auch einen negativen Einfluss auf die Kommunikation zwischen Präsentator und Publikum. Genannt Dominating und Over-Aesthetic. **Dominating:** Power Point ist eine Präsentationstechnik der Dominanz. Durch die Mächtigkeit entsteht zwischen Publikum und Präsentator eine autoritäre Beziehung. Da auch hier ein Gefühl, von ,,alles scheint richtig zu sein", sich im Raum verbreiten kann. Monologische Vorträge, wie auch eine eingeschränkte Interaktion, durch das nicht freie Sprechen, sind oft die Folgen. Dabei zeichnet eine gute Präsentation doch gerade die Interaktion, wie Austausch, Diskussionsmöglichkeiten aus. **Over-Aesthetic:** Auf die ästhetische Gestaltung bei PowerPoint wird sehr viel Wert gelegt. Bemerkbar macht sich dies oft bei Lehrern, die Vorträge präsentiert bekommen und sofort den Wow-Effekt verspüren, wie ästhetisch die Präsentation aussieht. Das ist auch ein Grund, warum Schüler immer mehr mit der Präsentationstechnik PowerPoint konfrontiert werden. Denn oftmals heißt es, umso mehr ästhetische Gestaltung desto besser. Desweitern spiegelt die Ästhetik eine Perfektion vor, was dazu führt, dass das Publikum denken könnte, es sei alles perfekt. Dieses scheinbar Perfekte hält allerdings das Publikum davon ab, Fragen zu stellen oder kritisch Stellungnahme zu beziehen. Aus dem Grund ist ein Dialog zwischen Präsentator und Publikum oft nicht gegeben. Nichtsdestotrotz eignet sich die Präsentationstechnik Power Point nicht nur für die Tarnung von inhaltlicher Leere, sondern ist in vielen Unternehmen aufgrund der Gegebenheit von visueller Anschauung und seinem Wissenstransfer kaum mehr wegzudenken[2]. Sogar in Kindergärten und

---

[1] Vgl.Der PowerPoint Irrsinn, S.1
[2] Vgl.Studienbrief Kreativitäts-und Präsentationstechniken, SRH

Bäckereien, Hörsälen und Klassenräumen werden die meisten Vorträge trotz der kontraproduktiven Effekte mit PowerPoint gehalten. Von Neuntklässlern wird heute regelrecht erwartet, Vorträge mit PowerPoint zu halten. Zur Folge hat es, dass Studenten große Befürworter von PowerPoint sind, da sie langfristige Erfahrungen und Kenntnisse bei Vorträgen, ausschließlich mit PowerPoint gesammelt haben. PowerPoint erspart das Mitschreiben und die Folien zeigen den Studenten, was sie für ihre Klausuren zu lernen haben. Beim Buchhandel macht sich das über die Jahre bemerkbar, denn Studenten genügen oftmals für Ausarbeitungen und zum Lernen die Folien-Sätze des jeweiligen Themas. Aus diesem Grund stellen traditionelle Universitätsbuchhandlungen ihr Sortiment von Fachliteratur auf Belletristik um. Ein weiterer Punkt warum PowerPoint einen negativen Effekt mit sich bringt, kann die Vorbereitung einer PowerPoint Präsentation sein, sowie die verschiedenen Altersgruppen von Zuhörern bzw. vom Präsentator. Von einem jungen Präsentator wird im Regelfall häufig erwartet, dass er mit einem zeitgerechten bzw. moderneren Medium präsentiert. In den meisten Fällen läuft es auf die Software PowerPoint hinaus. Doch dadurch könnte sich entwickeln, dass der Präsentator keine anderen Präsentationsmodelle ausprobiert. Es wird empfohlen, modernere Präsentationstechniken wie beispielsweise PowerPoint mit einer großen Anzahl von Zuschauern zu vermeiden, da die Schrift aus einer bestimmten Entfernung schwer bis kaum lesbar sein kann und die eigentlich didaktischen Einsatzmöglichkeiten nicht mehr passen. Die Vorbereitung einer PowerPoint Präsentation kann sehr lang und aufwendig sein. Besonders bei Perfektionisten besteht die Gefahr, sich zu lange an der Gestaltung und dem Einfügen von bestimmten Effekten aufzuhalten, anstatt sich auf die wesentlichen Inhalte zu fokussieren. Des Weiteren müssen Referenten sich mit der Nutzung von PowerPoint vertraut machen, damit sie gut damit präsentieren können. Zusätzlich kann man sich auf die Technik bei einer PowerPoint Präsentation nie zu 100% verlassen, denn die umgebene Technik sowie die eigene Technik muss funktionieren, um die Präsentation visuell zu präsentieren.

als Anlage 1 PowerPoint Schaubild, eigene Darstellung

Aufgabe C

Zeit ist das Medium, in dem wir Leben. Die Menschheit beschäftigt sich mit der Frage - Was ist Zeit, schon seit vielen Jahrtausenden. Wilhelm Wundt, William James und Kurt Lewin haben die Bedeutung von Zeit erkannt und wissenschaftliche Arbeiten dazu durchgeführt. Sie schrieben über die Bedeutung der Zeit und haben einfache Versuche über sie durchgeführt. „Kein Mann steigt jemals zweimal in denselben Fluss, denn es ist nicht mehr derselbe Fluss und er ist nicht mehr derselbe Mann". -Heraklit-[1] Das ganze Leben besteht aus Entscheidungen, welche einen hohen Einfluss darauf haben, zu welchen Wegen und Richtungen jedes individuelle Leben führt. Zeit ist daher immer an Ereignissen gebunden, die wir erleben (Zeitwahrnehmung), die wir bewirken oder beeinflussen (Zeitverhalten) und auf die wir uns hin orientieren (Zeitordnung). Die Zeit gibt uns Menschen die Möglichkeit, die Übergänge von der Gegenwart in die Vergangenheit oder von der Zukunft in die Gegenwart wahrzunehmen. Sie gliedert das Gestern, Heute und Morgen. Die Persönlichkeit jedes Menschen ist geprägt von der Vergangenheit, die mit der Zeit verbunden ist, in der man sich weiterentwickelt, Entscheidungen trifft und zum Schluss den Menschen aus uns macht, der wir sind. „Wie Sie im heute leben, bestimmt letztlich sowohl ihre Vergangenheit als auch die Zukunft." George Orwell[2]. Heraklit hat aus wissenschaftlicher Sicht die Zeit anhand von 5 verschiedenen Zugängen betrachtet. **Psychologie** (Zeiterleben, Lebenstempo), subjektive Wahrnehmung von Zeit, **Physik** (Zeitmessung physikalisch), **Soziologie** (Gesellschaft und Zeit) - Zeit als sozialer Zusammenhang, **Ökonomie** (Ressourcen und Zeit) - Zeit in Bezug zu Ressourcen wie Arbeitsleistung, **Biologie** (Chronologie)- Veränderung im Organismus in Abhängigkeit der Zeit. Alle 5 Punkte sind wichtige Bestandteile zum Umgang und zum Verständnis von Zeit. Ein gutes Anzeichen für physisch und emotionale Gesundheit ist, wenn man die Zeit in ein positives Licht stellt, denn Menschen, die ihr IST und JETZT beherrschen, kommen mit der Vergangenheit klar und verstehen sich als eigenes Individuum, dass die Zukunft bestimmt. Das eigene Zeitbewusstsein ist sehr wichtig. Zum Zeitbewusstsein gehört das Zeiterleben, der Umgang mit der Zeit und die Zeitperspektive. Alle 3 Bausteine ergänzen sich und bilden das Zeitbewusstsein.

[1 + 2] Vgl. Die neue Psychologie und wie sie ihr Leben verändern wird

Das Zeiterleben wird von verschiedenen Faktoren beeinflusst, w.z.B das Lebensalter, die Persönlichkeit, begleitende Emotionen, begleitende Kognitionen, Körpertemperatur, Stoffwechsel, psychopathologischer Status, Psychopharmaka, Drogen, Stimmung und die Aktivität. Jeder Mensch hat einen eigenen Bezug zur Vergangenheit, der Gegenwart und der Zukunft. Frank benannte dies 1939 als Zeitperspektive.[1] Jeder Mensch hat auch eine unterschiedliche zeitliche Orientierung. Zimbardo und Boyd benennen diese als Orientierung an der Vergangenheit, der Gegenwart und der Zukunft und haben 6 unterschiedliche Zeitperspektiven in ihren Studien identifiziert. Dazu entwickelten sie im Jahr 1997 einen Fragebogen, genannt ZTPI, wobei Menschen herausfinden können, an welcher Zeitperspektive sie sich orientieren. Zu den unterschiedlichen Zeitperspektiven gehören:[2] **Positive Vergangenheit** – positive Sicht auf die Vergangenheit, **Negative Vergangenheit** – negative Sicht auf die Vergangenheit, **Hedonistische Gegenwart** – im Hier und Jetzt leben, **Fatalistische Gegenwart** – Menschen sind hilflos und verzweifelt, **Zukunft** – Aufgaben und Handlungen planen in Bezug zur Zielsetzung, **Transzendentale Zukunft** – esoterische oder religiöse Perspektive auf das Kommende. Das Alter hat jedoch auch einen großen Einfluss auf die unterschiedlichen Zeitorientierungen, denn Menschen ab 40 Jahren blicken und leben mehr in die Zukunft als Kinder, die mehr in der Gegenwart leben. Denn erst im Erwachsenenalter bekommt der Realitätsbezug eine höhere Bedeutung, genannt auch Optimismus-Realismus-Debatten. Dabei gibt es 2 unterschiedliche Theorierichtungen: Empirische Psychologie - positive optimistische Zukunfts-erwartungen wirken sich positiv auf die Persönlichkeitsentwickelung und humanistische Psychologie - geht davon aus, dass es sinnvoller ist einen realistischen Bezug zu Zukunftsplänen zu haben. Der Rhythmus von Tag und Nacht ist dem Menschen von Geburt an einprogrammiert.[3] Doch ausgerechnet für das Wichtigste im Alltag, die Zeitspanne gibt es keinen angeborenen Sinn. Der zirkadiane Rhythmus steuert z.B. den Schlafrhythmus, sowie die Ausschüttung von Hormonen, den Blutdruck und die Körpertemperatur. Menschen, die mit ihrer eigenen inneren Uhr nicht übereinstimmen, haben ein

---

[1]Vgl.Zeit, der Stoff aus dem das Leben ist
[2+3]Vgl. Studienbrief Zeit-und Selbstmanagement, SRH

hohes Risiko für Schlafstörungen, neurodegenerative Erkrankungen und metabolische Störungen. Jeder Mensch hat eine eigene innere Uhr, jedoch entstehen interindividuelle Unterschiede, die Chronotypen genannt werden. Dabei handelt es sich um Lerchen früher Chronotyp und Eulen später Chronoptyp, die in ihren Schlafenszeiten bis zu 12 Stunden voneinander abweichen können. Das Alter, das Geschlecht, die Gene und die Lichtexposition sind unterschiedliche Faktoren die den Chronotypen beeinflussen. Beim Alter ist dies z.b. daran erkennbar, dass Kinder frühere Chronotypen sind als in der Adolezens, wo sie zu späteren Chrontypen werden. Das könnte daran liegen, dass bei Jugendlichen das Nachthormon Melatonin erst gegen 23 Uhr ausgeschüttet wird, sodass das Bedürfnis zu Schlafen erst entsprechend später aufkommt. Beim Geschlecht lässt sich sagen, dass Frauen frühere Chronotypen als Männer sind. Die Lichtexposition hat einen Einfluss auf den Chronotyp, da Menschen die in sonnigeren Regionen leben, eher ein früherer Chronotyp sind, als Menschen, die in weniger sonnigen Regionen leben. Des Weiteren bilden sich durch die unterschiedlichen Chronotypen individuelle zeitliche Unterscheide in der Leistungsfähigkeit. Jedoch können wir diese nicht immer selbst steuern, denn es gibt in der Gesellschaft feste Zeiten, w.z.B. der Arbeitsbeginn oder der Schulbeginn. Gegen die eigene innere Uhr zu arbeiten, bringt viele Nachteile mit sich. Diese Abweichung zwischen innerer Uhr und Außenzeit wird auch als sozialer Jetlag bezeichnet.[1] Zwischen der Zeit und Macht besteht ein ganz enger Zusammenhang, welcher am Beispiel deutlich wird, dass Zeit gerne als Geschenk verschenkt wird. Daran sieht man, wie wertvoll die Zeit für uns Menschen ist. Bei Studenten und Schülern tritt häufig die Prokrastination, bekannt als Aufschieberitis, auf. Mit dieser Technik werden Tätigkeiten oder Aufgaben auf einen späteren Zeitpunkt verschoben, welche oftmals nicht zu den Lieblingsaufgaben im Alltag gehören. Tice und Baumeister haben 2016 z.B. herausgefunden, dass Studenten häufiger zum Ende des Semesters sehr gestresst sind und über gesundheitliche Probleme klagen. Die Folgen sind dann: **Objektive Leistungseinbußen** - schlechtere Schulnoten, längere Ausbildungs-zeit, **Belastung von zwischenmenschlichen Beziehungen** - andere Personen sind verärgert über nicht erledigte Aufgaben, **Beeinträchtigung des Wohl-**

Vgl. .Studienbrief Zeit-und Selbstmanagement, S.73-84 , SRH

befindens - Stress, Depressionen Schlafstörungen. Ein weiterer auftretender Fall bei Prokrastination, ist unter anderem auch die geringe Motivationslust, ein geringes Selbstwertgefühl, sowie der nicht vorhandene optimistische Blick.[1] Besonders in den letzten Jahren erhöht sich das Lebenstempo immer mehr. Der Soziologe Hartmut Rosar bezeichnet diese Situation als soziale Beschleunigung. Die Beschleunigung des Lebenstempos wird an der Beschleunigung des Handelns und der zunehmenden Erlebnisse messbar gemacht. Nachdem ich mich mit den theoretischen Grundlagen befasst habe, möchte ich nun auf die Verbindung der theoretischen Grundlagen zu einer berufstätigen Fernstudentin die eine Familie mit 2 Kindern hat, eingehen. Eine berufstätige Studentin mit Familie und 2 Kindern ist doppelt belastet. Auf der einen Seite zerrt die Arbeit, auf der anderen Seite der Nachwuchs. Die eigene Arbeit geht in den meisten Fällen auch bis zum Nachmittag, somit ist es für viele Eltern ein Spagat zwischen Kind und Studium, das bedeutet Stress. Stress ist zudem der zweit größte Zeitvertreiber und erschwert vielen Menschen, seine Zeit sinnvoll einzuteilen. Das liegt an der Großhirnrinde, welche hinter der Stirn liegt und die störanfälligste Region im Kopf ist. Sie gerät als erstes aus den Fugen, wenn während einer Stressreduktion ausreichend Adrenalin und Noradrenalin ausgeschüttet wird. Umso wichtiger ist es, ein gutes Zeitmanagement zu haben, um Stress möglichst zu vermeiden. Die heutige Gesellschaft neigt jedoch immer mehr dazu, dass die Zeit immer schneller gehen muss. In der eigentlich zur Verfügung stehenden freien Zeit werden immer mehr Termine und Aktivitäten hinzugefügt. Besonders für Familien mit Mehrfachbelastung zeigten Studien, dass das negative Folgen mit sich bringen könnte. Eine Folge wäre z.B. dass die intensive und ruhige Beschäftigung an Tätigkeiten beispielsweise mit dem eigenen Kind oder am Studium verloren gehen könnte. Weiter hat die Zeit eine sehr große Macht und Einfluss auf uns Menschen. Die Zeit löst z.B. bestimmte Gefühle in uns Menschen aus, wie Stress, Genervtheit, Müdigkeit und Druck aus. Bei Studenten mit Mehrfachbelastung ist dies kein seltener Fall. Deshalb ist es umso wichtiger, sich Pufferzeiten einzuplanen, um Stress zu vermeiden, denn Stress verursacht konfuses Denken, unüberlegtes Handeln und Sprunghaftigkeit,

Vgl. Studienbrief Selbst-und Zeitmanagement, S.79-82, SRH
Zeit Der Stoff aus dem das Leben ist, Stefan Klein

sowie gesundheitliche Erkrankungen. Empfehlenswert für Studenten, um deren Ziele konsequent zu verfolgen, ist die Zeitperspektive Zukunft, denn dadurch sind die Ziele vor Augen geführt. In einem Multiple-Choice Test, an der Standford University, in der Zeitperspektiven von großer Bedeutung waren, lagen die Zukunftsmenschen z.b. an höchster Stelle. Jedoch sind Studenten häufige Gegenwartsmenschen und neigen vermehrt zu Prokrastination. Sie wägen ab, ob sich ein ansprechender Zeitvertreib anbietet. In dem Fall wäre es, mit der Familie einen schönen Auslug zu unternehmen, anstatt sich konzentriert an das Studium zu setzten. Gerade eine Studentin mit Mehrfachbelastung sollte aus dem Grund darauf achtgeben, dass sie ihr Ziel konsequent verfolgt und sich nicht von ihrer Familie ablenken lässt. Jedoch sollte dabei der Realitätsbezug nicht in Vergessenheit geraten, denn man sollte seine Vergangenheit sowie die Zukunft gerade beim Planen von Zielen realistisch sowie optimistisch einschätzen, um sich nicht zu überfordern. Durch nicht geschaffte Ziele, könnte ein Gefühl von Demut und Motivationsmangel auftreten. Der Mangel an Motivation ist der dritt größte Zeiträuber, der für das Gefühl ständiger Hektik verantwortlich ist. Es ist sehr wichtig, Motivation bei der Arbeit zu verspüren und sich motivierende Ziele zu setzen, die zu schaffen sind. Jeder Mensch hat eine innere Uhr, die unserem Körper häufiger Signale wie Müdigkeit oder aber auch beste Fähigkeiten zum Arbeiten sendet. Diese Signale sollten nicht überhört werden, sondern damit sollte bewusst gehandelt werden. Studien haben bewiesen, dass es frühe Chronotypen, sowie späte Chronotypen gibt. Es hat einen großen Vorteil zu wissen, ob man zu den frühen Chronotypen gehört oder zu den späteren Chronotypen. So besteht die Möglichkeit, die anstehende Arbeit fürs Studium je nach Chronotyp im Alltag anzupassen. Wenn Studierende ihre effektive Lernphase erkennen, die individuell ganz unterschiedlich sein kann, ist dies der beste Ausgangspunkt für eine produktive Arbeitszeit. Ein Fernstudium bietet die besten Vorrausetzungen, um Arbeitszeiten so einzuteilen, wie es zur Lebenssituation passt. Dafür hat sich auch 1990 die Soziologin Hochschild, in einem Großunternehmen arrangiert. Wichtig für eine Studentin ist es, ein Ausgleich zum Studium zu haben und die wertvolle Zeit z.B. mit Familie und Kindern intensiv u erleben.

Vgl.Studienbrief Selbst-und Zeitmanagement, SRH S.72-79

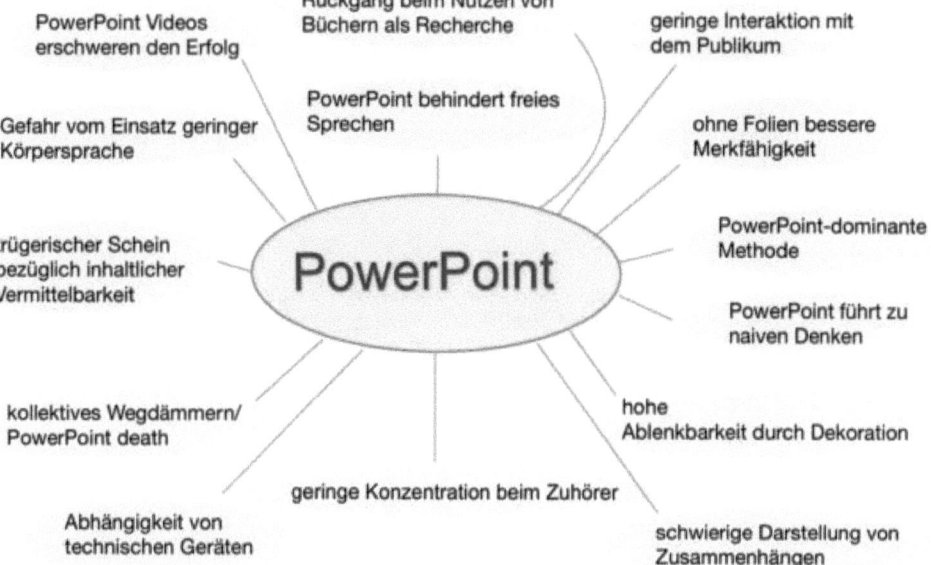

PowerPoint Videos
erschweren den Erfolg

Rückgang beim Nutzen von
Büchern als Recherche

geringe Interaktion mit
dem Publikum

Gefahr vom Einsatz geringer
Körpersprache

PowerPoint behindert freies
Sprechen

ohne Folien bessere
Merkfähigkeit

trügerischer Schein
bezüglich inhaltlicher
Vermittelbarkeit

PowerPoint

PowerPoint-dominante
Methode

PowerPoint führt zu
naiven Denken

kollektives Wegdämmern/
PowerPoint death

hohe
Ablenkbarkeit durch Dekoration

geringe Konzentration beim Zuhörer

Abhängigkeit von
technischen Geräten

schwierige Darstellung von
Zusammenhängen

Literaturverzeichnis

Die neue Psychologie und wie sie Ihr Leben verändern wird, Philip Zimbardo/ John Boyd, 2009

Zeit Der Stoff aus dem das Leben ist, Stefan Klein, 2015

Das 1x1 des Zeitmanagements, Lothar Seiwert 2014

Studienbrief, SRH Zeit und Selbstmanagement

Studienbrief, SRH Kreativitäts- und Präsentationstechniken

Quellenverzeichnis

http://2016.hems.de/fileadmin/_migrated/content_uploads/Pr%C3%A4sentation
en_-_Der_Powerpoint-Irsinn.pdf

https://www.dotcomblog.de/wp-content/uploads/2008/11/hatt0800plan_dig.pdf

https://bildungsklick.de/hochschule-und-forschung/detail/powerpoint-
praesentationen-koennen-das-lernen-behindern

https://www.cio.de/a/die-10-schlimmsten-fehler-bei-praesentationen,806374

https://www.google.com/search?q=Methoden+kennen+und+richtig+einsetzen&r
lz=1C1GCEA_enDE935DE935&oq=Methoden+kennen+und+richtig+einsetzen
&aqs=chrome..69i57.11418j0j15&sourceid=chrome&ie=UTF-8

BEI GRIN MACHT SICH IHR WISSEN BEZAHLT

- Wir veröffentlichen Ihre Hausarbeit,
  Bachelor- und Masterarbeit

- Ihr eigenes eBook und Buch -
  weltweit in allen wichtigen Shops

- Verdienen Sie an jedem Verkauf

Jetzt bei www.GRIN.com hochladen
und kostenlos publizieren